AF561576

COUP D'ŒIL

SUR

L'ÉTAT MORAL ET POLITIQUE DE LA FRANCE,

A L'AVÉNEMENT DU ROI CHARLES X.

PARIS, ADRIEN ÉGRON,
IMPRIMEUR DE S. A. R. MONSEIGNEUR LE DAUPHIN.

COUP D'ŒIL

SUR

L'ÉTAT MORAL ET POLITIQUE

DE LA FRANCE,

A L'AVÉNEMENT DU ROI CHARLES X.

PAR M. BILLECOCQ, AVOCAT.

Opera illorum sequuntur illos.

PARIS,

LIBRAIRIE DE CHARLES GOSSELIN,

RUE DE SEINE, N° 12.

M. DCCC. XXIV.

COUP D'ŒIL

SUR

PARIS,

En publiant ce nouvel Ecrit, je me suis proposé uniquement d'y présenter au lecteur, dans des résultats *généraux*, ce que j'appelle la physionomie morale et politique de la France au moment où Louis XVIII a cessé de régner.

On s'exposerait à ne pas en porter un jugement juste, si l'on accordait trop au souvenir de plusieurs faits ou de plusieurs actes qui seraient des *ombres au tableau*. Je ne nie point ces faits ni ces actes. Mais je dirai, en suivant la figure, que le spectateur d'un tableau ne s'attache pas, pour prononcer sur le mérite de l'œuvre, à quelques détails qui le déparent ; qu'il le considère dans son ensemble, et que cet ensemble est ce qu'il juge.

Nous commençons la postérité pour le

Roi de la Restauration. Il s'agit, pour être équitable, de se rappeler dans quel état Louis XVIII a trouvé la France, dans quel état il la laisse.

En un mot, pour se former une saine opinion sur cet Ecrit, le lecteur doit se placer à distance des temps et des choses dont l'auteur y parle.

COUP D'ŒIL

SUR

L'ÉTAT MORAL ET POLITIQUE DE LA FRANCE,

A L'AVÉNEMENT DU ROI CHARLES X.

LE règne du Monarque vénérable dont nous déplorons la perte a prouvé qu'il ne faut pas beaucoup d'années à un bon et sage prince pour marquer avec éclat sa place dans l'histoire. Celle de Louis XVIII était déjà certaine lorsque nous le possédions encore avec l'espoir d'une plus longue durée de ses jours, et les contemporains avaient, à cet égard, devancé la postérité, dont il eut un si légitime pressentiment.

Roi depuis environ trente années, par droit de succession au trône, la France ne l'a vu que pendant un peu plus de dix ans tenir le sceptre héréditaire. Mais que de faits mémorables ont été les siens durant cette courte période! Que d'obstacles surmontés, de périls écartés, de difficultés vaincues! Combien de préventions dissipées, de résistances affaiblies, de respects obtenus, d'affections conquises! Roi hors de France, sa dignité dans le malheur, son courage dans les tribulations, sa sollicitude pour les peuples loin desquels les décrets de la Providence le retinrent jusqu'au jour du miracle qui devait le leur rendre, présagèrent tout ce que, Roi en France, il serait capable d'y faire. Avec lui, la légitimité avait ressaisi ses droits. Il la prouva par son règne même. Il l'affermit encore par la sainteté de sa fin:

Dans un Ecrit publié l'année dernière, et

dont l'objet a été de démontrer l'influence que la guerre d'Espagne allait avoir en France sur la consolidation de la dynastie et de la monarchie constitutionnelle, j'ai exposé les motifs qui parurent à Louis XVIII commander, après vingt-cinq ans d'un interrègne pendant lequel la nation française s'était, en quelque sorte, renouvelée, une forme de gouvernement plus appropriée aux besoins des peuples. J'ai dit quelles causes déterminèrent l'édit de réformation des anciennes constitutions du royaume que la Charte était destinée à remplacer, et j'ai développé les idées qui présidèrent à la fondation de ce grand édifice. Je vais, aujourd'hui, prendre pour point de départ l'époque de cette naissance de la France à la monarchie constitutionnelle sous ses Princes légitimes, et jeter un coup d'œil sur les effets moraux et sur les résultats politiques dont, au moment où nous l'avons perdu, Louis XVIII nous faisait déjà jouir, comme d'autant de fruits de sa sagesse. Après les momens consacrés à la plus juste douleur, c'est encore honorer la mémoire d'un bon Roi que de parler des espérances qu'il nous laisse dans le bien déjà fait, et que convertissent en certitudes les vertus et l'expérience du plus magnanime des Français, son auguste successeur, dont les premières paroles et les premières actions ont déjà presque raconté tout le règne.

Aux temps de la république, se rattachaient des souvenirs pénibles. L'empire avait créé des intérêts. Il fallait tranquillité sur les uns; les autres réclamaient sécurité. Louis XVIII le comprit, ainsi que la Charte elle-même le révèle. Il sentit le besoin que tous les cœurs fussent à lui. La Charte avait été l'œuvre de sa modération comme de ses lumières. Il se prescrivit des principes de gouvernement conformes à cette modération qu'elle promettait, et à laquelle, seule, il crut la puissance de faire des royalistes de ceux qui pouvaient hésiter à le devenir. Il sembla prendre pour règle de sa conduite ce langage du divin Pasteur : « J'ai encore d'autres brebis qui ne sont point de cette bergerie : il faut aussi que je les amène ; elles écouteront ma voix, et il n'y aura qu'un troupeau et qu'un pasteur. » Et il voulut pouvoir se réjouir, comme lui, d'avoir retrouvé la brebis qui était perdue. Cette base de gouvernement, il la jugea devoir être la plus solide dans les conjonctures où la France revoyait les Bourbons, et l'on ne convint à l'intention de ses choix, comme agent du pouvoir public, qu'avec cette condition nécessaire à sa confiance. Si, pourtant, des actes de fermeté devinrent inévitables, ils eurent lieu, quoique son cœur en gémît. Il savait ne pas moins les devoir à ses peuples qu'à la majesté du trône outragée. Et ce qui est remarquable, c'est qu'aucun de ceux dont le besoin s'est fait sentir n'a donné à l'esprit de parti, même le plus ardent, le droit d'accuser la justice du Monarque. Les délits avaient été manifestes. Mais, toutes les fois que l'intérêt de la sûreté sociale ne lui parut pas être un obstacle à la clémence, il usa du droit constitutionnel de faire grâce, dont il avait, par une inspiration de sa bonté naturelle, et comme avec le pressentiment des nécessités prochaines, placé la réserve au profit du Roi, dans la Charte.

Sa fidélité aux promesses royales a été invariable. Union et oubli, tel était son précepte, tel fut son vœu le plus cher.

On sait avec quelle scrupuleuse vigilance il a pourvu au maintien de ces droits de propriété que la Charte a marqués, plus spécialement, du sceau de l'inviolabilité. Jamais ils n'avaient été plus assurés que sous son règne.

Les cultes reconnus par l'Etat ont joui de toute la protection qui leur était assurée par la loi constitutionnelle. A cet égard, l'Angleterre, cette *terre classique* de la liberté, où les catholiques sont hors la loi de liberté, l'Angleterre, où cette rigueur contre un culte, autrefois le sien, naît de la défiance qui y survit à l'extinction de toute une race de rois proscrite, l'Angleterre a pu apprendre, en contemplant le règne de Louis XVIII, quelle sécurité puissante naît du sentiment de la légitimité. Les protestans, en France, participent, comme les catholiques, aux emplois, aux honneurs, aux dignités, et, comme les catholiques, ils y sont sujets fidèles.

La liberté de la presse, problème presqu'insoluble, objet d'éternelle controverse, a éprouvé, il est vrai, des vicissitudes fréquentes. Elles s'expliquent par les crises de certaines époques, par la violence des passions qui ont fermenté, et aussi, il faut en convenir, par la jalousie, quelquefois trop ombrageuse, des agens du pouvoir. Mais les magistrats, ces délégués constitutionnels du monarque pour la distribution de la justice, les magistrats, soit en poursuivant, soit en jugeant les délits, ne se sont montrés les ennemis que des écarts. On n'a point à leur reprocher avec justice d'avoir méconnu le droit garanti par la Charte de Louis XVIII. Juges des délits, et non des lois qu'ils avaient à faire exécuter, les tribunaux ont dû appliquer celles-ci. C'est l'imperfection de ces lois qu'il faut accuser de l'état, mal réglé encore, de la liberté de la presse en France. Mais il convient aussi, pour comprendre ce qu'elles ont de défectueux, de compter pour quelque chose les temps, les hommes, leurs intérêts et leurs passions. Tout ce qui est à reconnaître ici, c'est, d'abord, qu'en ce qui concerne la liberté de la presse, Louis XVIII l'a voulue franchement par la Charte, mais, et comme il devait la vouloir, inséparable de lois répressives des délits dont l'abus de cette liberté peut devenir le moyen; c'est, ensuite, que les tribunaux, en appliquant les lois telles qu'elles étaient faites, n'ont porté aucune atteinte arbitraire à la liberté de la presse fondée par Louis XVIII. J'aurai à revenir sur les actes de la magistrature pendant le règne de ce grand prince, et je dirai combien elle a justifié sa confiance, combien elle a mérité la reconnaissance publique.

La différence d'extraction, la supériorité de

naissance ne furent point, sous Louis XVIII, des motifs de préférence pour la promotion à de hauts emplois, pour l'exercice d'éminentes fonctions publiques. Ce que la Charte avait encore promis sous cet autre rapport, il l'a tenu; et des faits nombreux sont là pour attester la réalité du droit constitutionnel, écrit dans cette loi fondamentale, d'admissibilité désormais commune à tous.

Si Louis XVIII, roi, montra aux Français, en lui, un monarque éclairé, généreux et sage, chef de famille, il leur en fit admirer les vertus qui, dans un roi, sont encore des vertus publiques. Le Ciel ne lui avait pas accordé le bonheur d'être père : mais un frère, l'ami de toute sa vie, le compagnon de ses infortunes, le confident de tous ses desseins; deux neveux, dont l'un vient de prouver à l'Europe ce qu'est un Bourbon sous les armes, et l'autre......... (Louis XVIII, hélas! ne croyait plus avoir à craindre le malheur); une nièce qu'on ne peut plus dignement qualifier qu'en la nommant ;

une autre nièce, veuve et mère héroïque deux enfans nés d'elle, et sur l'un desquels reposent les destinées des générations prochaines, voilà la famille qui le reconnut pour père. L'union des cœurs dans cette famille, les sentimens religieux qui y étaient communs à tous ses membres, le besoin comme l'habitude, pour chacun d'eux, de toutes les bonnes actions, la simplicité de leur vie, offrirent à la France et à l'Europe le spectacle le plus touchant, comme le plus nouveau pour elles.

De ces principes de gouvernement, de ces exemples de vertu, ont découlé sur la France tous les biens dont elle jouit déjà et qu'elle est destinée à recueillir encore.

Le prodige de la Restauration avait opéré puissamment sur les âmes. Revoir, après vingt-cinq années de proscription et d'exil, et revoir, le sceptre à la main, ces Bourbons dont l'héritage avait été envahi par des usurpations diverses ; les revoir sur le trône, lorsque la force des armes et l'alliance avec une fille des Césars semblaient avoir affermi pour jamais la dernière de ces usurpations, c'était là un événement qui tenait du miracle. On eut raison de croire ne pouvoir l'expliquer que par la volonté de cette Providence qui élève et abaisse à son gré les Princes de la terre. Les esprits furent amenés naturellement à ces graves méditations que fait toujours naître l'aspect des grandes réparations politiques, et qui sont un premier retour aux idées morales et aux principes religieux.

Avec un gouvernement libre, régulier et paternel, commençait une nouvelle ère pour les Français, impatiens de l'intolérable joug qu'avaient forgé pour eux les folies et les fureurs démocratiques. Un peuple, qui allait désormais pouvoir s'occuper de ses affaires, de concert avec un roi confiant et éclairé; un peuple, dont les mandataires auraient le droit précieux de faire toujours entendre du haut de la tribune publique, alors même qu'elle serait contrainte ailleurs, l'expression de ses besoins, de ses vœux, de ses griefs; ce peuple, dis-je, ne put que s'accoutumer insensiblement à regarder l'Etat comme la grande famille dont son Roi était le chef. Jamais, certainement, à aucune époque de la monarchie française, cette similitude n'avait été plus réelle; et quelles qu'aient été les oscillations de la politique intérieure, causées par les souvenirs récens, par les froissemens d'intérêts, par le choc des ambitions, par les luttes entre les aspirans au pouvoir, une vérité reste certaine, c'est que l'affaire publique a été, en France, sous le règne de Louis XVIII, et pour la première fois, l'affaire privée de chaque individu. Partout on a discuté, on a jugé les personnes, les choses et les actes, plus d'une fois, sans doute, avec passion, parce que le voisinage des temps différens et le ferment des matières rendaient inévitable cet inconvénient, mais le plus souvent sans que toute justice ait été exclue des jugemens portés. Rien ne rétablit plus, à la longue, l'autorité des idées morales au sein d'un pays, rien n'y familiarise plus avec elles les citoyens d'une nation, que cette habitude de méditer, de converser sur les intérêts qui les touchent. Comme il faut toujours que ce qui est bien finisse par être reconnu ; que ce qui deviendrait un mal n'ait pas de durée, la première condition, pour que l'un s'obtienne et que l'autre cesse, c'est qu'il y ait justice et vérité dans les raisons. Or, controverser sur le bien et sur le mal, est ce qu'il y a de plus puissant pour accréditer et affermir dans les cœurs les idées morales.

La religion, ce premier besoin de toute société, comme des familles et des individus qui la composent, la religion, cette principale institutrice des rois et des peuples, n'avait jamais perdu en France son salutaire empire. La restauration de la monarchie légitime y en ranima le sentiment et le principe. La pensée du maître souverain des nations et des royaumes s'associait trop nécessairement au spectacle de cette grande scène du monde politique, pour que ceux à qui la voix de la religion avait toujours parlé, n'y reconnussent pas le doigt de Dieu, et que ceux qui ne l'écoutaient plus n'en ressaisissent pas quelques souvenirs à la vue du prodige dont ils étaient les témoins. De plus, la simplicité auguste, la sincérité notoire et du Monarque et de sa famille, dans la profession comme dans la pratique des devoirs que prescrit à tous, suivant la condition sociale de chacun, cette religion divine, pénétra de respect pour elle les cœurs même les moins disposés, et des Princes pieux sans affectation, religieux sans intolérance, furent honorés comme ils méritaient de l'être. Des prêtres marqués, pour la plupart, des stigmates de la persécution, déjà avancés en âge, pleins de vertus et de bonnes œuvres, ont été portés sur les siéges épiscopaux, et cela tellement sans condition de naissance, et avec les conditions premières de la piété et de la science, qu'on est frappé de cette vérité à la seule inspection de l'état actuel du haut clergé de France. Les prêtres inférieurs ont été et sont partout, mais dans les grandes villes particulièrement, des modèles d'humilité, de régularité, de sainteté, de soumission aux lois de l'Etat. On a conçu ou affecté des craintes sur des prétentions ou, même, sur des projets supposés, qui tendraient à replacer le clergé dans un droit de participation aux affaires temporelles trop étendu. On a essayé de justifier ces suppositions par quelques faits. D'abord, je n'admets pas comme opposée avec fondement, si on la comprend au nombre de ces faits, l'élévation de l'illustre prélat que le choix de Louis XVIII a placé à la tête de l'instruction publique en France. Le savant ecclésiastique, l'orateur éloquent qui, pendant douze années, avait, dans ses mémorables conférences, offert à la jeunesse le précieux supplément d'une éducation première, trop négligée sous les rapports essentiels, parce que les moyens en manquaient alors, était appelé par les vœux des chefs de famille à cette importante fonction. Les preuves de sagesse, de lumieres et de sollicitude qu'il y a faites, ont bien justifié la confiance du Monarque et l'attente des familles. Autant, d'ailleurs, il est vrai de dire que les exemples d'ecclésiastiques admis au maniement des affaires temporelles doivent être rares, parce que leur destination n'est pas celle-là, autant il faut avoir la bonne-foi de convenir qu'il y aurait injustice et déraison dans une exclusion absolue de tout ecclésiastique; car enfin, comme je l'ai fait observer dans un autre ouvrage spécialement consacré à cette grave matière, les prêtres aussi sont des citoyens. Mais si l'on cite quelques écarts, soit en doctrine, soit même en actions, je ne les nierai pas, et pourtant je dirai avec assurance que tout le clergé de France ne doit pas être jugé d'après quelques exceptions; qu'il faut le voir dans son ensemble, et que cet ensemble est admirable. Uni intimement de foi et de cœur au Saint-Siége comme il doit l'être, et avec lui tous les fidèles catholiques, il connaît ses devoirs envers le Roi et l'Etat, et il les remplit avec soumission. Le Gouvernement, d'ailleurs, a prouvé, dans une occasion récente, qu'il n'est pas disposé à laisser périr les maximes que professèrent ces pieux et savans magistrats, les Pithou, les Talon, les Bignon, les d'Aguesseau, que proclama le vénérable clergé de France de 1682, et auxquelles a donné tant de fôrce et tant d'éclat l'autorité du grand Bossuet. Non, le clergé de France n'offrira point, dans le dix-neuvième siècle, le triste exemple de ces dissidences qui affligèrent l'Eglise dans quelques-uns des siècles précédens. Il ne se divisera plus en partis signalés par ces dénominations qui attestent la passion et qui, déjà bien déplorables dans les affaires purement humaines, ne peuvent qu'être condamnées quand il s'agit de celles de la religion. Je n'ai jamais bien connu, je l'avoue en toute humilité, le fond des querelles du Jansénisme et du Molinisme; seulement j'ai soupçonné que l'un, austère et rigide, ne composait point avec l'Evangile, et que l'autre, plus condescendant, admettait quelques tempéramens à la sévérité des règles. Quoi qu'il en soit, l'un et l'autre ils ont été discrédités aux yeux de tout homme sage, par le seul malheur de ces désignations qui décèlent l'aigreur de parti. Je n'aurais pas été quiétiste avec Fénélon; mais je serais tombé aux pieds de cet ange de vertu, en applaudissant au triomphe de Bossuet. Les catholiques sont des catholiques; le nom est assez beau! il ne leur en faut pas d'autre.

La justice, sous Louis XVIII, a été rendue avec intégrité, avec indépendance, avec fermeté. Telle devait être l'influence de l'inamovibilité des magistrats, fondée et garantie par la Charte. Si l'on veut bien se remettre en mémoire les crises politiques qui troublèrent les premières années de la Restauration, les procès nombreux qu'elles ont enfantés, les jugemens et les arrêts qui ont terminé ces procès; si l'on embrasse d'un coup d'œil cette multitude de délits de toute nature, dont les tribunaux ont eu à s'occuper, on ne tardera pas à reconnaître que la magistrature française aura, pendant les dix ans qui viennent de s'écouler, contribué puissamment à l'affermissement du trône légitime par le maintien de l'ordre social. A la suite des discordes civiles et des guerres étrangères qui ont désolé un pays, la puissance légale des tribunaux est la seule ressource assurée de la société. Devant elle tout s'abaisse, tout fléchit, tout est de niveau; il n'y a plus de fort ni de faible dans les personnes: le fort et le faible sont dans les causes; la licence connaît des bornes, et l'ordre renaît. Ce sont là des bienfaits dont l'histoire dira que la France a été redevable, pendant le règne de Louis XVIII, à une magistrature intègre, ferme et éclairée. La poursuite a été active sans violence, l'instruction sévère sans vexations. La défense ennemie a été seule réprimée; la défense généreuse a usé de tous ses droits, et rien ne pouvait honorer plus le règne de nos princes, ni distinguer mieux leur gouvernement des gouvernemens précédens, que cette liberté légale assurée aux défenseurs. Si la loi, en cela humaine et sage, a créé un conseil nécessaire en faveur de l'homme le plus manifestement coupable, si Louvel (et c'est donner l'idée du plus exécrable des forfaits avérés dès sa consommation) n'a pas dû rester sans assistance devant ses juges, que sera-ce de l'accusé contre lequel n'existent encore que les charges? Son malheur lui donne des droits sur un ministère institué pour lui. Effrayé des conséquences d'une erreur possible des tribunaux, témoin des alarmes d'une famille, l'avocat, lorsqu'il est convaincu, trahirait ses devoirs s'il manquait d'une noble énergie. C'était là la doctrine de M. l'avocat-général Portail, ne s'expliquant, pourtant, qu'à l'égard des causes civiles. Elle a été celle des magistrats sous Louis XVIII, et, dans les tribunaux qui ont rendu la justice en son nom, la défense civile et la défense criminelle ont joui de toute la liberté compatible avec le respect dû aux dépositaires des lois et avec l'intérêt de l'ordre public. La considération profonde que la magistrature s'est acquise, par la dignité de son attitude et par la fermeté de ses décisions, a fixé l'attention des familles, qui ont vu en elle une carrière où la jeunesse studieuse et pourvue de tous les dons d'une bonne éducation devait, désormais, ambitionner l'honneur d'entrer. Quelques années encore, et, l'on peut le prédire, la magistrature constitutionnelle de France ne le cédera ni en vertus, ni en lumières, ni en éclat, à cette magistrature ancienne qui a laissé de si grands souvenirs.

L'administration publique, que j'entends considérer ici, non dans son organisation présente, dont la sûre appréciation exigerait des connaissances qui me sont étrangères, mais dans ses rapports avec les intérêts privés des citoyens, a été, depuis la Restauration, ramenée à des idées moins arbitraires, soit par la liberté des réclamations, soit par la discussion, au sein des Chambres, des matières diverses qui en forment les élémens, soit par les décisions du Conseil-d'Etat. Cette autre magistrature, à laquelle on ne rend pas toujours la justice qui lui est due, et qui n'est bien jugée que par les personnes familiarisées avec les résultats de ses travaux, s'est montrée animée d'un véritable amour du bien et d'un grand respect pour les lois. A plusieurs de ses actes, on la croirait indépendante, si d'autres ne prouvaient quelquefois le contraire. Beaucoup d'hommes y siégent, qui réunissent le savoir et l'expérience à des talens incontestables. Une nouvelle garantie de son utilité, comme de la justice de ses décisions, vient d'être donnée par l'ordonnance récente qui y rend moins possibles les mutations fréquentes. L'instabilité des emplois publics nuit beaucoup à la stabilité des choses. Avec la première, les traditions se perdent et le bien commencé ne s'achève pas. Du reste, on ne peut nier qu'à travers les vicissitudes qu'elle a éprouvées dans plusieurs de ses parties, l'administration publique n'ait fait, sous le règne de Louis XVIII, de grands pas vers un perfectionnement dont le besoin n'échappera pas à la sollicitude du monarque, son auguste successeur.

La délibération publique, sous les auspices de la Charte de Louis XVIII, a réalisé, pour les Français, toute la liberté de la tribune. Elle a porté leur attention la plus sérieuse sur leurs premiers intérêts. Le spectacle de ces discussions solennelles, où le savoir, l'expérience, le talent de la parole, se sont déployés avec tant d'éclat, a élevé les âmes et révélé toute la dignité qui est celle d'un peuple sagement libre. Ces discussions ont été animées, sans doute, même trop passionnées quelquefois. Mais la noblesse du caractère national s'y est conservée toujours. L'urbanité, ce trait distinctif, dans tous les temps, de celui du Français, n'en a jamais été exclue. Il y a eu des oppositions vives, même des chocs violens. Il n'est pas demeuré d'inimitiés véritables. Le Français n'est pas né pour elles. Du reste, la délibération publique a produit d'utiles résultats. Si des lois qu'elle a enfantées sont défectueuses ou imparfaites, de bonnes lois, aussi, en ont été le fruit. Mais ce qu'il faut en considérer surtout, comme l'un des bienfaits, c'est cette proclamation journalière des principes et des idées qui, à la longue, doivent rétablir en France l'empire de la morale, de la religion, de tous les bons sentimens. Quoi qu'on en puisse penser et dire, la première condition des succès de l'orateur, ainsi que de la considération à laquelle il aspirera, ce sera toujours la profession publique des maximes protectrices et conservatrices de l'ordre établi. Des paroles si salutaires obtiennent le crédit qui leur appartient, alors même que le but auquel elles tendent n'est pas atteint par celui qui les a fait entendre. De plus, elles retentissent au dehors et instruisent l'ignorance, réveillent l'indifférence et fortifient les bonnes dispositions. Un autre effet non moins heureux, et l'un des plus précieux de la délibération publique, c'est la garantie solide qui doit en résulter, pour la moralité des choses et des institutions, dans le moral des personnes. Aujourd'hui, tout est à découvert. Les communications sociales, multipliées à l'infini, révèlent les hommes les uns aux autres. On ne peut plus impunément, surtout si l'on veut prendre part aux affaires publiques, manquer de mœurs, de droiture, de probité. Le jeune homme, dont le cœur s'enflamme à l'aspect de ces luttes généreuses, de ces belles scènes politiques, et qui devance, par l'imagination, les temps où lui-même il aspirera à y prendre part, saura de bonne heure que la première des conditions, pour y parvenir, ce sera d'avoir mérité la réputation d'homme de bien.

L'agriculture n'a pu que prospérer sous des lois par lesquelles toutes les propriétés étaient garanties. On cultive avec plus d'ardeur le sol qu'on est assuré de conserver. Les familles ont vu le terme de ces conscriptions qui dévoraient les générations, et tous les bras ont été rendus à la terre, sans que la défense intérieure et extérieure de l'Etat dût en souffrir. Il y a été pourvu par un mode nécessaire, mais doux et paternel.

Le commerce, depuis la Restauration, a pris

un essor qui est de notoriété nationale, ou, plutôt, Européenne. L'industrie s'est déployée et se déploie, chaque jour, sous mille formes. Eclairée par les travaux de la science, elle a enfanté des prodiges, et deux expositions successives de ses produits ont fait connaître une multitude de chefs-d'œuvre. Des entreprises nombreuses se sont formées avec des destinations diverses; de grandes et honorables spéculations ont été conçues avec sagesse et se réalisent avec succès. Les unes et les autres ont procuré des moyens de travail à ces hommes, si intéressans et en si grand nombre, qu'un système de gouvernement où la guerre était l'état naturel, et la paix un accident, avait accoutumés à l'idée de passer leur vie sur les champs de bataille. Le mouvement imprimé au commerce a été universel. Celui de la capitale, particulièrement, en a recueilli les fruits les plus abondans. Ces moyens multipliés d'occupation, cette activité générale, en même temps qu'ils concourent à accroître les richesses du pays, contribuent puissamment à en assurer et à y maintenir la tranquillité. Ils inculquent dans les esprits les idées d'ordre ; ils pénètrent les cœurs du sentiment des devoirs; ils rendent chère et précieuse à tous la conservation du repos public, parce que tous en ont besoin pour l'utilité de leurs travaux privés. Et c'est ainsi que peut diminuer insensiblement le nombre de ces oisifs dont l'inaction inquiète toujours le citoyen laborieux ; c'est ainsi que les annales de la justice criminelle peuvent finir par se resserrer en un moindre volume.

Les finances ont atteint, en France, dans les cinq dernières années surtout du règne de Louis XVIII, un degré de prospérité inconnu jusqu'alors. Le crédit public s'y est élevé au milieu même de circonstances et d'évènemens qui semblaient devoir, sinon en arrêter, du moins en retarder les progrès. Le seul retour des Bourbons avait rappelé la confiance, depuis long-temps refusée aux gouvernemens du long interrègne. Lorsqu'on songe aux troubles, aux désastres, aux guerres, aux invasions qui ont affligé la France pendant le cours de vingt-cinq années, et qu'on en rapproche la situation actuelle de ses finances, on ne saurait assez admirer tout ce qui devient possible dans ce beau pays, par les soins d'un gouvernement légitime et régulier.

L'armée, depuis la Restauration !... son histoire est racontée par la paix de l'intérieur et par sa gloire au dehors. Dans l'intérieur, des occasions, rares heureusement, lui ont été données de prouver sa fidélité. Mais celles que l'esprit de perturbation a fait naître, elle les a saisies pour se montrer dévouée, autant qu'incorruptible. Au dehors, ce n'est pas seulement par sa valeur, dont elle a soutenu d'ailleurs, avec tant d'éclat, l'antique renommée, qu'elle a mérité des éloges. Sa discipline constante a offert un spectacle dont le souvenir durera dans la mémoire des contemporains et recevra les hommages de la postérité. Guidée dans les combats et conduite à la victoire par un prince humain, sage et intrépide, elle s'est montrée digne de son chef. Un peuple voisin doit encore aujourd'hui à sa présence au milieu de lui de commencer à connaître quelque calme, et de ne pas être rejeté dans la carrière sanglante des discordes civiles. Des guerriers qui ont fait de telles preuves sont l'appui du trône, en même temps que les gardiens de la paix publique. Mais, et il faut le bien remarquer, la légitimité seule peut se promettre de semblables résultats. Sous les usurpations, la licence des camps se perpétue au sein des villes. Comme leurs gouvernemens sont mal assurés, elles ont besoin de la force; et, pour que cette force leur demeure, elles accordent beaucoup à des auxiliaires de qui elles ont beaucoup à obtenir. Sous les princes légitimes, la gloire pacifique de leurs armées peut en égaler la gloire militaire. L'habitude d'obéir à des lois émanées de la seule véritable puissance publique accompagne le soldat partout. Il connaît ces lois; il sait qu'elles le suivent dans tous les lieux. Il les observe donc sur la terre étrangère, comme au sein de son propre pays. La guerre d'Espagne est la première dans laquelle la France se soit trouvée engagée depuis que les Bourbons ont ressaisi le sceptre héréditaire. Qu'on veuille bien considérer le soldat français dans cette guerre, par comparaison avec lui-même, sous le rapport du moral de l'armée, dans toutes les autres dont l'Europe a été le théâtre pendant le cours de la révolution jusqu'à la Restauration, et qu'on se demande si le contraste, à cet égard, n'est pas frappant. Aimée des Bourbons, commandée par l'un d'eux, l'armée française, en Espagne, a regardé son général, et son humanité a égalé sa vaillance.

La marine, à qui j'ai rendu déjà, dans un écrit cité plus haut, l'hommage que réclamaient son dévoûment, sa bravoure et ses exploits, doit recueillir encore ici l'expression de la haute estime qu'elle a méritée par d'autres faits. Grâces aux nobles sentimens des guerriers qui parcourent les mers sur nos vaisseaux, le pavillon blanc a protégé le malheur dans tous les parages. Grecs et Turcs, tous ont trouvé un refuge assuré sous le drapeau des lis. Chrétiens et civilisés, les premiers n'auront point, sans doute, appris des Français les droits de l'humanité. Mais les Barbares, qui presque journellement, sous les yeux des Puissances de la Chrétienté, étalent des guirlandes de têtes et d'oreilles aux portes du sérail de leur maître, auront peut-être senti la différence qui existe, pour le ménagement du sang humain, entre le christianisme et l'islamisme. Honneur à nos généreux marins; honneur à ces consuls du Roi, qui, partout où la mort a menacé un homme, ont apparu comme des anges de salut! Ils ne pouvaient prouver mieux le rétablissement des Bourbons dans les droits de leur légitimité; ils ne pouvaient se montrer plus noblement les sujets et les serviteurs du fils de saint Louis.

L'instruction publique a fini par se rasseoir sur ses bases fondamentales. Confiée à un prélat éclairé, elle ne peut, désormais, que former des chrétiens et des citoyens. Si des évènemens fâcheux y ont troublé l'enseignement, je dirai avec franchise, sans nier les écarts de quelques écrivains, ni le mal qu'ont pu faire leurs productions, que la cause de ces évènemens est moins celle-là encore que l'imprudence de certaines familles. Les enfans ne lisent guère les livres, les brochures, les journaux politiques, mais ils entendent et retiennent. C'est pour avoir trop bien retenu ce qu'ils avaient souvent entendu au sein de leurs familles, qu'ils ont montré de l'insubordination quand les occasions leur en ont été offertes par des prétextes. Le retour de pareils excès n'est pas à craindre. Il y a été pourvu par des règlemens dont la sévérité était convenable. Mais la meilleure garantie, à cet égard, se trouve dans l'intérêt que les familles doivent savoir, aujourd'hui, qu'elles ont à prévenir, par plus de réserve, le renouvellement de semblables désordres. Du reste, les études sont fortes, parce que les maîtres sont habiles. Ces maîtres, il faut les honorer beaucoup, si l'on veut que les élèves les honorent.

Les lettres avaient eu dans Louis XVIII un ami, long-temps avant de trouver en lui le roi qui les protégeât. Elles se sont ressenties du calme de son règne. Les preuves en seraient nombreuses. Je me bornerai à quelques-unes. Les historiens *des Croisades, de Bossuet, de la France pendant le dix-huitième siècle*, les auteurs de la *Biographie universelle*, ont poursuivi leurs nobles travaux. Une histoire *de Venise* a été publiée. Celle de la *Régénération de la Grèce*, à laquelle son auteur avait préludé par un *Voyage* sur le malheureux théâtre d'une oppression qui a créé des héros, a rappelé les travaux d'Hérodote. Une histoire *des ducs de Bourgogne* ramène, en ce moment, l'attention des Français vers des siècles déjà reculés, où leur gloire se montre encore avec éclat au milieu des troubles civils, des fureurs guerrières, des erreurs de l'ignorance et des crimes de l'ambition. Les *Médita-*

tions poëtiques, les *Messéniennes*, *Louis IX*, les *Machabées*, *Clytemnestre*, de beaux vers sur des sujets dignes de les inspirer, ont annoncé à la France ses poëtes du dix-neuvième siècle. Dans les genres de littérature moins élevés, de bons ouvrages, ou d'agréables productions, ont ajouté à notre instruction, ou pourvu à nos délassemens. D'un autre côté, de beaux monumens s'élèvent en l'honneur des lettres latines, dans ces collections de *Classiques* qui rivalisent entre elles, publiées sous diverses formes, et dont le succès prouve, aussi, que le goût des Français pour les bonnes études s'est conservé au milieu, même, des convulsions politiques. Si quelques réimpressions, malheureusement conçues, ont été exécutées, il ne paraît pas que les auteurs en aient obtenu tout le succès qu'ils avaient pu s'en promettre. Après trente-cinq ans de révolutions, les idées sont graves. Le temps du mauvais ton est passé, et le mauvais ton se contracte par la lecture des mauvais livres. Les esprits ont reçu d'autres impressions et prennent d'autres directions. Les écrits licencieusement frivoles ne sont plus destinés à faire fortune ; encore moins ceux dont les auteurs s'y sont efforcés d'ébranler les sociétés dans leurs fondemens, pour en créer de nouvelles d'après leurs théories.

Les sciences, déjà si avancées, ont continué de se diriger vers une plus grande perfection encore. Les livres qui en renferment les élémens et les doctrines se sont multipliés en grand nombre. Elles sont enseignées dans les écoles par les professeurs les plus distingués. De hauts emplois, des honneurs, même de grandes dignités, ont été la récompense de savans illustres. Les successeurs de ces derniers se forment, sous les auspices d'un auguste prince, dans cette Ecole, déjà si justement fameuse, où des élèves atteignent quelquefois les maîtres, et du sein de laquelle sortiront les Vauban futurs.

Les arts, en France, sous le règne de Louis XVIII, ont reçu les encouragemens qu'ils devaient attendre d'un héritier du trône de François Ier et de Louis XIV. Nos Musées sont pleins de leurs chefs-d'œuvre. Leur gloire s'y trouve dans son plus brillant éclat. Les paroles de Louis XVIII au grand peintre de l'*Entrée de Henri IV à Paris* ont rappelé celles de Charles-Quint au Titien, et de François Ier à Léonard de Vinci. Honorés par de tels princes, les arts fleurissent toujours. L'exposition de l'année où j'écris prouve que les plus habiles maîtres, dans tous les genres, ont déjà des rivaux dans leurs successeurs.

Je croirai terminer dignement ce rapide coup d'œil sur l'intérieur de la France, pendant le règne de Louis XVIII, en rappelant ici l'existence récente de l'une de ces institutions qui annoncent le haut degré où la civilisation peut être portée. Je veux parler de la fondation de cette société qui a pour objet l'amélioration des prisons. Placée sous la protection spéciale du Roi, présidée par un Prince de sa famille, elle est destinée à obtenir les résultats les plus consolans pour l'humanité, les plus honorables pour un pays. Tout le bien qu'elle doit opérer n'a pas pu se faire encore. Quelques obstacles nés des circonstances, sans doute, s'y sont opposés. Mais le Prince magnanime qui préside à ses travaux est animé de la plus ardente sollicitude pour le succès. Il le veut avec énergie, avec persévérance. La France doit donc être assurée qu'une première pensée, noblement conçue, et qui tend à l'amélioration morale des hommes, non moins qu'à l'amélioration du régime sanitaire des lieux, finira par recevoir toute son exécution. Cette exécution sera d'autant plus parfaite que la société royale des prisons et le conseil-général de cette société renferment dans leur sein des hommes qui, les uns, ont fait du perfectionnement, en cette partie si importante de l'administration publique, l'étude de toute leur vie, les autres, y ont acquis une utile expérience dans l'exercice de fonctions analogues à l'objet de cette belle et grande institution.

Si Louis XVIII a su, par la sagesse de ses

principes de gouvernement, et au milieu de tant de soins, de difficultés, de crises même, que les temps où il a régné en France ont multipliés presqu'à l'infini, amener l'intérieur de son royaume à l'état de pacification, de réparation, de prospérité où il le laisse, l'extérieur ne parle pas moins de sa dignité et de sa grandeur. A peine avait-il ressaisi le sceptre que, déjà, l'Europe admirait la fermeté de son attitude royale. Partout, au dehors, ses ministres, dirigés par des instructions conformes à la puissance du nom français en Europe, se sont souvenus qu'ils représentaient le roi de France. Le noble duc de Richelieu, cet honnête homme d'Etat dont la perte, subite et douloureuse, n'a pas été assez déplorée, mais s'est fait sentir depuis si vivement, avait mis ses principes personnels dans la politique extérieure de l'Etat. Il y avait mis sa droiture, sa loyauté, sa bonne foi. On sait jusqu'à quel point l'Europe lui accorda sa confiance et son admiration. On sait combien la franchise, la fermeté de son langage dans des momens difficiles, applanirent d'obstacles qui semblaient ne pouvoir être surmontés. Les conférences de Vérone, où le soin de stipuler les intérêts des Bourbons avait été confié, par Louis XVIII, à la vertu la plus pure et au talent le plus éclatant, se ressentirent de l'exemple donné par l'illustre négociateur du traité du 20 novembre 1815 et du congrés d'Aix-la-Chapelle. Au nom du chef de la maison de Bourbon, on y parla le langage de l'honneur, en même temps que celui de l'humanité et de l'ordre social. La France de la Restauration est plus puissante en Europe que la France de Louis XIV. Ce n'est pas seulement par la force de ses armes, par la valeur éprouvée de ses soldats, par les ressources immenses que lui fournissent la richesse de son sol, le génie, l'industrie et l'activité de ses habitans, qu'elle est aujourd'hui si imposante; c'est encore, c'est surtout par la majesté de ses lois.

Voilà la physionomie morale et politique du pays sur lequel a régné Louis XVIII, dans la plénitude de ses droits, pendant un peu plus de dix ans seulement.

Sans doute, et j'en ai prévenu le lecteur, on peut, s'attachant à quelques faits, à quelques abus, à quelques désordres même, accuser le peintre d'avoir flatté le portrait. Je ne conteste pas la vérité de ces exceptions. Mais il s'agit de l'ensemble, et je ne crois pas que, vu du même œil dont l'histoire et la postérité l'envisageront présenté par des écrivains d'une bien autre importance, cet ensemble puisse recevoir avec justice le reproche d'exagération.

Sans doute encore, beaucoup de choses restent à faire; mais nous avons Charles X.

Le Roi dont le premier besoin a été d'effacer jusqu'au souvenir de quelques délits politiques, en consolant des familles par une remise de la peine à des infortunés ; le Roi qui a déclaré, avec une fermeté si noble et une loyauté si parfaite, ses résolutions et nos espérances;

le Roi qui a voulu l'abolition de la censure ; le Roi dont le cœur délicat et paternel a senti qu'au moment où, pour la première fois, depuis trente ans, la France nommait un Dauphin, l'ancienne province dont ce titre rappelle la glorieuse prérogative, devait recevoir un témoignage de la sollicitude et de la confiance royales ; le Roi qui a vu se renouveler, et plus vifs encore, en 1824, à l'occasion de son entrée dans la capitale comme Monarque, les transports que sa présence, toujours heureuse, y avait excités en 1814, comme précurseur de son auguste frère ; le Roi dont chaque parole émeut profondément les âmes et fait couler de douces larmes, dont le seul regard remplit les cœurs d'amour pour sa personne, au nom duquel tous les Français se retrouvent amis et confondus dans une même opinion, dans une même affection ; le Roi, enfin, dont un Ecrivain libre a pu dire tout cela sans craindre le reproche d'adulation, parce que l'adulation est fausse et que tout cela est vrai, ce Roi-là, qui a déclaré vouloir *continuer*

Louis XVIII, achèvera certainement l'œuvre que Louis XVIII avait commencée.

Ainsi, par exemple, le sort du clergé inférieur, dans les campagnes surtout, réclame les plus prompts effets d'une sollicitude efficace. Si ceux qui, dans les villes, au sein de toutes les jouissances et dans l'ignorance de toutes les privations, s'expliquent avec tant de rigueur sur les *prêtres*, pouvaient devenir, un moment, les témoins de la détresse, pour ne pas dire de la misère, de la plupart des curés et des vicaires dans les cantons ruraux, ils se sentiraient plus enclins à soulager cette indigence que persévérans dans leur animosité. Le nécessaire, voilà ce qu'ils n'ont pas, les ecclésiastiques dont je parle, et voilà ce qu'il leur faut, sous peine d'inhumanité dans l'administration publique.

L'indemnité attendue par les personnes que des lois iniques et violentes ont dépouillées de leurs biens, ou par les familles de ces personnes, ne saurait être réglée, désormais, dans un délai trop rapproché. Les ventes sont irrévocables. Les propriétés ainsi aliénées sont inviolables. La Charte l'a proclamé. Les promesses, et encore plus, les actes du Gouvernement royal, l'ont prouvé. Mais les motifs qui ont fait de cette nécessité suprême une loi fondamentale de l'Etat, militent, irrésistiblement, pour le réglement de l'indemnité dont il s'agit. Ces motifs si puissans, si pressans, ce sont le maintien de la paix publique, la sécurité de la France sur l'avenir de son intérieur. A ceux-là il faut ajouter le grand intérêt d'une réconciliation, désormais sincère et durable, des esprits et des cœurs. On sait, au surplus, et universellement aujourd'hui, comme je l'ai dit ailleurs, que cette justice, si désirable et si urgente, serait déjà réalisée depuis longtemps sans l'irruption, à jamais déplorable, de 1815, qui força le Gouvernement, alors, d'ajourner à de meilleurs temps l'exécution d'une pensée sortie du cœur de l'un de nos plus illustres guerriers. Ces meilleurs temps sont venus. Une loi sage et prochaine devra concilier avec le ménagement nécessaire des ressources de l'Etat, l'intérêt de la justice et du malheur.

Les appels comme d'abus ne sauraient demeurer attribués au Conseil d'État. Il n'a pas assez d'indépendance. De plus, la composition de cette magistrature est mixte. Celle de la magistrature des Cours royales est homogène. La différence de résultat, relativement aux décisions importantes que provoquent les appels comme d'abus, est que les membres du Conseil d'État ne sont pas tous absolument obligés d'avoir étudié à fond le droit canonique, auquel on suppose facilement que des généraux, des amiraux, des directeurs-généraux d'administration, des préfets ou anciens préfets, sont entièrement étrangers; tandis que, dans chaque Cour royale, le magistrat a connu de bonne heure que sa destination est de n'ignorer aucune partie du Droit. La dignité de la Religion est intéressée à ce changement d'attribution, qui tendra à maintenir chacun de ses ministres dans la situation régulière que lui donnent les canons de l'Eglise et les lois de l'Etat.

Une bonne loi municipale et départementale est appelée par le vœu universel. Tout a été dit sur ce point important dans les discussions des Chambres et dans plusieurs écrits.

Les élections doivent pouvoir se faire avec cette liberté légale et morale sans laquelle il n'y a pas d'électeurs. Fier et délicat, le Français accorde à la confiance ce qu'il refuse à la contrainte.

La stabilité des emplois de tout degré est désirable plus que jamais. Je l'ai fait observer déjà : la fixité des choses dépend de la plus rare amovibilité possible des personnes. Une destitution juste, une réforme indispensable, sont déjà des malheurs. Sans doute, quand on a mérité de perdre la confiance, on ne peut plus être conservé ; sans doute encore, quand il y a inutilité manifeste, ou impuissance de servir, le sujet doit se résigner. Mais, hors ces cas, la justice, à l'égard de tous, et de plus l'humanité, relativement à quelques-uns, commandent la plus sévère circonspection aux agens supérieurs du pouvoir public. On ne sait pas assez qu'une seule destitution ou une seule réforme, qui n'ont pas des causes évidentes, font, suivant la parenté, les liaisons ou les relations de l'homme qui en est frappé, plusieurs centaines de mécontens. Les prétextes tirés des opinions politiques ont plusieurs fois donné ces opinions-là elles-mêmes à des gens qui ne les avaient pas! Heureusement, ces prétextes sont usés aujourd'hui. Les délations secrètes, intéressées le plus souvent, ont perdu de leur premier crédit. Une fois certains de conserver leur état quand ils n'auront pas mérité de le perdre, ou bien s'il n'y a pas en eux des raisons d'inutilité ou d'incapacité constantes, tous les serviteurs du Roi et de l'Etat feront leur devoir, non-seulement avec loyauté, mais avec ardeur.

Il convient de regarder de très-près, mais,

toutefois, avec égard pour les droits égaux, à cette concentration qui, depuis quelques années, s'opère insensiblement, des fonctions publiques de toute nature, dans les familles des membres de la Chambre des communes. Avec le temps, si l'attention ne se portait sur ce danger, une aristocratie non légale, offrant même un contre-sens de politique intérieure avec la destination constitutionnelle de la Chambre élective, s'élèverait à côté de l'aristocratie légale, que constitue si nécessairement, dans notre gouvernement monarchique, la Chambre des Pairs. Ce point a son extrême délicatesse, car il faut justice à tous. Mais si l'abus prenait racine, on verrait cet étrange résultat, que les communes de France ne seraient plus représentées dans la Chambre destinée plus spécialement à la défense de leurs intérêts et que, dans les nécessités publiques, ce serait plutôt vers la Chambre des Pairs, après le Roi, qu'elles tourneraient leurs regards!

Les Colonies, dont les habitans sont aussi

des Français dignes de participer au bienfait du rétablissement des Bourbons sur le trône, implorent depuis long-temps une organisation définitive, bien appropriée à leurs besoins. Il ne s'agit pas d'y encourager ces idées philantropiques dont le rêve a coûté tant de sang et de larmes. Bien aveugle ou bien opiniâtre serait celui que l'histoire des désastres de la plus florissante de nos anciennes colonies n'aurait pas éclairé sur de fatales illusions. Il ne s'agit pas, non plus, d'y établir le gouvernement de la métropole. La nature des choses s'y oppose invinciblement. Mais une bonne législation, mûrement méditée, qui puisse accorder les nécessités locales, généralement senties, avec les vues paternelles des Bourbons, avec les droits de l'humanité, voilà ce qui est indispensable, et ce que j'ose croire n'être plus impossible, depuis que des hommes non moins recommandables par leur sagesse que précieux par leur initiation dans les intérêts dont il s'agit, sont chargés d'un travail qui les concerne. Leur attention, sans doute, ne manquera pas de se porter, entr'autres points, sur les besoins du culte, signalés depuis long-temps par les colons; sur l'administration de la Justice, si imparfaite dans les colonies; sur l'énormité de ces droits de douane, qui y aspirent, en majeure partie, les produits de la culture.

Enfin, que l'arbitraire, ce triste égarement du pouvoir, ce vieux souvenir des gouvernemens d'anarchie et de despotisme, soit exclu à jamais des actes de l'administration. Nous sommes des Français, gouvernés par des Bourbons. Quelques agens, supérieurs et inférieurs, de l'autorité publique, ne se le sont pas toujours assez rappelé.

La France a perdu un bon Roi, dont un bon Roi est le successeur. Si, dans leur auguste famille, le sentiment paternel pour les peuples se transmet héréditairement avec le trône, que sera-ce quand le cœur du Monarque aux mains de qui le sceptre vient de passer était déjà plein de ce sentiment pour les Français, ainsi que l'ont prouvé les actions de toute sa vie ! Que beaucoup d'années encore soient accordées par le ciel à cet excellent Prince, pour qu'il recueille long-temps l'hommage du respect et de l'amour dont tous les Français se montrent et sont sincèrement pénétrés pour sa personne ! Qu'il vive, pour offrir bien long-temps à l'Europe le modèle de la bonté, de la loyauté, de l'élévation d'âme et de la sagesse qui font les grands Rois ! Il consommera l'ouvrage de son prédécesseur, de si glorieuse mémoire, et la postérité dira, en admirant le règne de chacun d'eux : *Désiré* de ses peuples, Louis XVIII commença la félicité des Français ; *Bien-aimé* de ses peuples, Charles X l'acheva.

FIN.

PARIS, DE L'IMPRIMERIE D'A. ÉGRON,
rue des Noyers, n° 37.

www.ingramcontent.com/pod-product-compliance
Lightning Source LLC
LaVergne TN
LVHW010058230826
846091LV00005B/1991

* 9 7 8 2 0 1 3 4 4 6 2 0 4 *